U0148942

獻　　給

大哥瑞庭先生

恭祝八秩嵩壽

文具群及其他

喬　林著

文 史 哲 詩 叢
文 史 哲 出 版 社

國家圖書館出版品預行編目資料

文具群及其他 / 喬林著 -- 初版. – 臺北市
：文史哲, 民 95
　面： 公分. --（文史哲詩叢；71）
　ISBN 957-549-665-5(平裝)

851.486

文 史 哲 詩 叢　71

文 具 群 及 其 他

著　　　者：喬　　　　　　　林
出 版 者：文 史 哲 出 版 社
http://www.lapen.com.tw
登記證字號：行政院新聞局版臺業字五三三七號
發 行 人：彭　　　正　　　雄
發 行 所：文 史 哲 出 版 社
印 刷 者：文 史 哲 出 版 社
臺北市羅斯福路一段七十二巷四號
郵政劃撥帳號：一六一八○一七五
電話 886-2-23511028 · 傳真 886-2-23965656

實價新臺幣一五○元

中 華 民 國 九 十 五 年 （2006） 四 月 初 版

著財權所有 · 侵權者必究
ISBN 957-549-665-5

序

　　《文具群》這一輯詩是古丁、綠蒂、涂靜怡三人創辦《秋水詩刊》時，古丁向我邀稿，由之發想以「文具群」為專題而寫作的一系列作品。

　　以前因從事工程施工的工作，因此逐「工程」之所在地而居，工作之餘的晚上時間都是可以孤獨的時刻，或讀書或思想，思緒特多，詩作亦就多，寫了已結集的《基督的臉》、《布農族》、《狩獵》三本詩集，還有一些尚待整理結集的作品。一七九三年調回到總公司工作，朝九晚五，晚上回家過著渴望已久圍坐客廳或聊談或各自閱讀的團圓家庭生活，每天機械般的重複同樣的步序，孤獨的時間就沒了，連「自己」亦沒了，沒有了「自己」如何有詩寫？因此詩作亦就少之又少。待至古丁邀稿，我便起了個雄心，以文具群為題，《秋水》每出一期，我便起碼有一首發表，但終究寬容自己甚為容易，因此剛開始還能信守自己給予自己的約定，每期一首或二首，持續不久就改停停寫寫，及至第二九首時，就乾脆停產更換生產線。至今，我想當是給它結集封存的時候了。

　　《文具群及其他》的寫作，無論在抒發的思緒上，或者作品的風格上，都與前三本詩集有一定程度的差

別。在「文具群」之前的歲月，我是一職司現場施工的工程人員，之後則是坐在都市水泥叢林裡一棟辦公大樓裡，依著電腦所收集的資訊，加予判讀製造工程管理情報的提供者。而巧合的是，前一時段台灣的思潮時空，正瀰漫著存在主義的情緒；而後一時段的思潮時空，則是後工業時代風起雲湧的來臨。我的前後二時段作品，亦就或多或少帶有這二種情緒的區別，作品的風格亦跟著轉了向。

　　有關存在主義文學的內涵，可以簡約的這麼說：是在於對人的境況、人的狀態提出的主張。具體的說，就是對荒誕、焦慮、孤獨、自我選擇、超越、反抗等等問題的思考。其表現總的來說，是對人生清醒認識、徹悟意識、態度主張、與形象展示的主張〈柳鳴九編《「存在」文學與文學中「存在」》社會科學文獻出版社〉。

　　馬來西亞華人文評家溫任平先生在其宏文〈初論喬林：基督的臉〉（1972年香港「純文學月刊」、台灣「幼獅文藝月刊」）裡，用其精細敏銳的解剖刀，就很乾淨的挑出了我那條條存在主義的神經，他如此說：「喬林沉溺於一種『形而上的焦慮』，這在他近期詩中尤屬顯見。他一直為『人』在宇宙的處境、人生的標的、人生的意義，縈縈於心，成了他苦惱的來源，切割他神經的一把利刃，…。」「喬林的焦慮，正如前面所述，是圍繞著『人的存在』這個中心點，從不同的角度、不同的基點去尋索、去發掘的。他有

時企圖從發生在『人』之外的事物及活動去反映人的本質，有時則努力內省，企求從不斷的自我關照中去詮釋『人』的意義。」「喬林的詩除了圍著『人』與『人存在的理由與意義』這些包涵非常廣泛的題旨，也同時道出了他對生命過程中所體驗到無奈與幻滅感。」「由於喬林對『人』的存在與其意義的懷疑，『人』，對他而言，往往成了一個『沒有可看讀的形象』，他對『人』的信念所採的悲觀與虛無態度，再加上他詩中的流浪悲愁灰鬱色彩，我甚至可以引用艾略特批評馬修·亞諾德〈Mathew Arnold〉的話：『他的調子經常帶後悔、信念的喪失、不安的鄉悲』以形容並且概括喬詩的基本格調。」

在那段時間我之所以有那種情緒，其因緣是我那時的生活場域裡，每天所閱續的景象，就極易而且極適合用存在主義的認知座標去加於探索理解。前面說過，那時期我是職司現場施工的工程人員，我所指導帶領的施工工人，並不是一般的工人，而是從大陸撤退來台的軍人、又從軍中退役下來的「榮民」。這個全名「榮譽國民」的稱號，就極易讓人有諸多感觸。差不多被分派到工地來做工的榮民，他們的文化程度都不高。他們之成為軍人，一部份是當時兩岸領導人意識形態左右下的產物；一部份是為了領一份軍糧填飽一個肚子；再一部份則是被抓來的，很多的他們在家鄉都有妻小，甚而有些家裡的富裕程度尚屬不錯。我曾幾次聽到我們工務所裡一位工友在暗地裡的哭

泣，他在家鄉亦已有妻小，有一天出外在路上被撤退的部隊抓來補充兵員，起先他是我們工務所的伙夫，後來因發現他得了梅毒，就不再讓他煮飯菜改當洗衣工，只得讓他一個老男人提著置放我們換洗衣服的水桶到河邊與一群村婦排排蹲著浣衣；我曾看過他們收工後在工寮裡不出聲的或躺或喝酒；我曾看過工地出事，屍體給捲成一長條，方便用竹竿兩個人一前一後的扛起，走過羊腸的山路下山。我曾聽過一位工友談及其經歷：十三、四歲時，為了有口飯吃，在日本人佔領的家鄉當日軍的跑腿信差，而後日本人走了，就成為國軍，而後被俘成為共軍，再而後抗美援朝被俘來台，又成了國軍。說到底，他們實在不知道什麼是三民主義、什麼是共產主義。

　　胡塞爾說：人是按照自己的慾望、意圖和需要去建構自己的世界。而我在那個生活場域裡所看到的四周的人，正如沙特《嘔吐》小說中描述洛根丁坐在公園裡的長凳上，所凝視的一棵老栗樹的形象，「是毫無生氣，難以名狀，連同它的顏色、形狀、呆板的動作，都根本無法理解；那個黑黝黝的東西，奇形怪狀，茫茫的一片，混亂的一團，什麼都不是……。」世界是渾然、無原因的，而人在某一時某一刻所處身的時空位置，完全是一種偶然、無法控制、超出意識之外。胡塞爾所說的人是按照自己的慾望、意圖和需要去建構自己的世界，沙特則認為其中之「慾望」、「意圖」、「世界」都是多餘的、荒唐的，甚至認為令人感到討

厭與噁心。

一九七一年我奉派到沙烏地參與施築麥加到哈維亞公路，因忙於適應異國生活，類存在主義的情緒也就收拾起來。約一年半後我回到公司本部的大樓裡上班，成了附屬於企業機器中的一小小物件，這是前面所說的寫作這本《文具群及其他》的後一時段，我的生活開始步入後工業社會的時期。每天六時起來、七時出門、乘車，趕在八點半以前打卡到班，依著作業程序工作，然後五點半下班坐車回家。一整天的時光彷彿工廠裡的一條生產線在流動，一整天的我就是這麼制式的滾動著。個人、人性淡出我的本體。馬克思說：人的本質是勞動，這種勞動是來自自己用以滿足慾望的、自覺的、自由的活動。但是在分工化、理性化、以總體效益為先的高效能工業化生產方式下，卻使得勞動異化。勞動的報酬並不等於慾望滿足，愈是理性以及高效率的分工，人的本質愈被物化，這是資本主義的矛盾。在這一時段我的人的本質就是在這一矛盾的快速旋渦中掙扎，《文具群及其他》這一集詩作就是我所發出抵抗的聲音。

但是這所發出的抵抗聲音，是以詩的方式呈現的，因此便涉及到詩作可以發出的光度。古典文學大師林庚在一九四八年〈詩的活力與詩的新原質〉一文中有此說法：藝術是一種更高的精神的呼喚，以火與光作比喻，火是光的起源，然而也帶來了灰燼，這光最後也可能就要消失在這物質的殘骸裡，藝術就是要

不斷擺脫灰燼,這就是要在精神上不斷為自己找回那個起點,也就是詩的「原創性」,正因為那是一切開始的開始。這段話使我在這本詩集付梓之時,有了膽怯,因為詩應該是什麼,我愈來愈不解,這本詩集會否是將進入灰燼中的餘光,或是一新燃的火,不免有所疑慮。

最後要附上一說的是,本詩集附錄了我大哥瑞庭先生的篆刻。熟知台灣新文藝運動史的人應都曉得,台灣新詩之自三、四十年代寫作法式脫殼而出,鑄出另一番生命氣象,其間近乎是和現代繪畫一路相互扶持,相互激勵走出來的。因此畫家與詩人都成了文藝現代化的戰友,畫會與詩社亦成了無形的運動聯盟,其中以創世紀詩社與東方畫會聯手最為凸顯。為了撐開一片天,大夥兒努力也非凡、興奮也非凡。那時不及二十歲的我,也興高采烈的附合著諸先進在浪潮上飆上滑下,自然也用功的閱讀了些現代畫的書籍,看了一些畫冊與畫展。這種興趣一直延續至今,因此累積了一點點看畫的知識,但亦只限於現代畫,其他一竅不通,更別說書法和篆刻。但我想藝術的美是相會通的,當不致於因無篆刻正規知識而被拒之於觀賞門外。

六十年代,當西洋各種現代畫派被引進台灣時,是有一些人認為書法、尤其是草書,是我們早已有之的抽象畫。這種看法,在開放之後的中國大陸、在大量引進國外現代畫思潮時亦同樣發生過。事實上,在

當時我們已看到了台灣有一些畫家很成功的將毛筆下的點線和氣勢、墨色的濃淡引進到畫布上。但書法終究不是抽象畫，它的結構、點線、布局本質上就是不能脫離文字的筆劃框架，雖然當它成為一件藝術品被觀賞時，可以擺脫其文字的代碼工具性，但其藝術性的發生根基仍在於封閉的文字形體，並不開放。儘管如此，但是在其對文字筆劃有限度的扭曲、撕裂以及點線的放粗縮小、拉長壓短下，仍豐富的存在著大量的抽象畫美學。篆刻是書法再加上刻鑿，因此篆刻當不離書法的抽象美，只是又加了一層刀藝美，我對藝術是本著這般看法。德國藝術史學家沃林格爾稱抽象畫那種創造美境的抽象衝動，在創作上是一種「對審美享受的騷擾」，而我認為在觀賞的接受上又何嘗不是一種「騷擾」。亦即一種新的抽象出現，觀賞者往往會被領著改變一次審美享受的習慣。瑞庭先生的書法刀藝「師法無法」，超脫我們習於各流各派的審美享受習慣，在這本詩集能一併印刊他的作品，我想不僅只是增加這冊詩集的厚重，也定可多增一份美的「騷擾」。

　在此亦感謝旅法多年的藝術家周孟曄小姐在忙於全國各地創作展之際，撥空為本詩集設計封面，為本詩集增添光彩。

8 文具群及其他

文具群及其他

目　錄

周瑞庭印選

周瑞庭印選

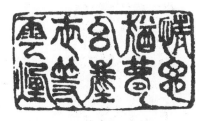

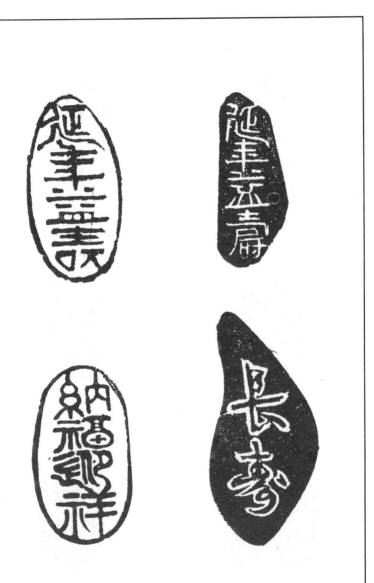

第一輯　文具群

橡皮擦

剛被拿在手的橡皮擦
是完整而漂亮的
保持著剛出廠時的模樣
被拿在手裡的橡皮擦
就得被支使

今天擦它
明天擦它
給挾在使力擠壓的手指中
今天要比昨天齷齪
明天要比今天醜陋

一隻手挾持著使力擦它
一隻手忙著揮拭脫落的殘屑
猶含著裂痛的殘屑

日漸疲憊縮小的生命
關於消逝的那一天
是該期望，或不該期望

一九七六年九月三日

原子筆

手中緊緊握著的原子筆
依靠它寫字的原子筆
墨管裡的墨不知尚剩幾許
在直挺挺的硬筆桿裡

不知還剩幾許
不知還能寫上多少字
不知還能用上多少時
而就要給丟棄

誰也不會去計數
我也不會去計數
墨乾了沒了
就要給丟棄

一九七六年九月三日

出勤卡

打卡鐘：你來了，
　　　　讓我吻你一下
　　　　你上班了。

一張硬紙板的
我來了
長方形裁剪整齊的
我來了，務必
在八點半鐘之前來了

長方形裁剪整齊的穿戴
長方形裁剪整齊的腦袋
長方形裁剪整齊的心室
有規有矩的一張出勤卡

這麼一張硬紙板的出勤卡
就是我
上面明白的寫有我的名字

一九七六年九月七日

印　泥

印泥日文稱印肉。
紅印泥稱朱肉。
有一廠品標的是
「文化朱肉」。絕。

手指夾著印章
停留在你的生命上
血紅的生命
彈性的生命
學習的生命
顫抖的手指猛然舉起印章
向你擊壓，向你擊壓

我也曾經如此年青過
　　　　　忍耐過
　　　　　安份過

看你一次一次泌出的液體
看我一次一次猛力的擊壓
液體。擊壓。液體。擊壓
而後我無力的把手跌落在桌上
我尋得一次虛脫的快感

漿　糊

把這張紙貼上
那張紙
這是天意

漿糊的潮濕
一時令紙難耐
扭曲的臉　痙攣的身體
波浪狀的擺動
在用意的壓制下
顯得那般輕微

漿糊的潮濕會慢慢消失去
慢慢消失去
等待僵硬後
一切也就完整齊備

算　盤

用不敢暴露的筋
串連起的骨
是用來被撥弄的

那下子代表 4
這下子代表 5
下一次代表什麼就得等待
下一次的撥弄

那隻俯身向我的手
是我的主宰
而不是老天

一九七七年六月二日

小小紙刀

一隻鍍著不銹鋼色的小紙刀
靜靜的躺在桌面的一邊
反射著日光燈折回的光輝
靜靜的閉著眼
在養神

一張才擱置不久的潔色的紙
剛剛被小紙刀劃過
一南一北成二片
而且給弄髒了
留著幾枚手印

小孩看了心酸酸的
直掉眼淚
越南人看了心酸酸的
直掉眼淚

一九七七年六月八日

鉛　筆

手抓著我
從貨架上，被拿出
被賣了開始
手便握著我

泌著汗
握著一種嚴肅的手
我可以清楚它時時在使力
使力的緊緊握著我

我依然堅挺如初
鉛的心，一次一次的被磨損
有菱有角的身軀
一天一天的縮短
我依然堅挺如初

有一雙睜得大大的眼睛
時時觀看著我的過程
永遠是那麼迫近
可是那不是老天　　　　　　一九七七年六月九日

自動鉛筆

被磨損的心
只剩幾許藏在懷裏
筆桿依舊
表情依舊

被磨損的心
磨光了，再添上一支
一支再一支
筆桿依舊
表情依舊

只想曉得
一共要被換過多少支心
一支一支這樣被磨光

一九七七年六月十一日

自動鉛筆心

廿八塊錢一盒
一盒十支心
一支心用完了再換一支心
一盒心用完了再買一盒心
到處有售

科技的身軀
可以替換很多支的心
肉體的身軀
只能有一顆心
破了也得用
碎了也得用

一九七七年六月十一日

計算器

把一整面的肌肉
劃成一排排的鍵盤
1234、567
加減乘除、百分比
編好標示

按鍵的手
不是愛撫的手
是敲擊我心臟的手

按幾下就要看我一次臉
按幾下就要看我一次臉
再也不會是其他
我的臉
永遠是那十個阿拉伯數字
湊過來湊過去
綠一陣黑一陣

一九七七年十二月廿九日

竹筆筒

風聲雨聲
都抱在懷里
片片落葉
都飄在窗外

只剩下半節
空盪盪的胸懷
插著幾隻筆
筆毫乾鬆
朝天放著

有情也吧　無情也吧
明年這個時候
讓我還在這桌上的一角
看幾眼窗外
那棵拔挺的竹綠

一九七七年十二月廿九日

木頭章

到了廿啷噹歲進了社會
就要刻個圖章
我們那時五塊錢，現在要十塊

領餉，你不算數
要認圖章
領掛號信，不認你的
要看圖章
領戶籍謄本，你到了，可不行
要蓋圖章

我還記得
我那木頭章
是在廊下一個老者刻的
他帶著老花鏡
不大言語

一九七八年三月十六日

圓　規

如果是圓規
就可以有一鐵的腿釘牢在一地
另一條腿飛馳
去繞圓飛馳

不須等待葉落
不須等待葉來
圓圓的，完整的
不用想家
不用想著親人

可是我的兩條腿
是鉛的筆芯樣
滑溜溜的
好像用不完，磨不損似的
天曉得我頻頻換過

一九七八年三月十六日

米達尺

要直
要有尺劃
然而能丈量嗎？
所謂老板與老板間的笑意
所謂朋友與朋友間的距離

現在是更價廉更物美了
壓克力製的
五塊錢

而我這一支隨身跟著多年
竹片製的
還是讀書時買的
刻劃猶新
尺身仍直
只是油黑油黑的
給摸過太多太多了

一九七八年三月十七日

三角板

不同體型，我倆卻是一對
緊密的貼在一起
我們曉得必須互相依靠
不管那一頭
橫著也好，豎著也好
讓筆由此劃線

我們的肉體是壓克力
我們的父母是機械
我們的動作也是機械

不用奢求什麼
就珍惜那被使用的時刻
讓我們緊密的貼在一起
不用奢求什麼
就珍惜那自人的指尖傳來的暖熱
讓我們緊密的依偎
然後留下一條條線
平行的，或是垂直的

一九七八年三月十六日

自來水筆

一肚子的墨水
有什麼用
要吐，還得等待
一張鐵削的嘴
有什麼用
要它，還得滑溜
柔細而順暢　一筆不偏的
迎合描出主人的心意

形態是主人喜愛的形態
顏色是主人喜愛的顏色
肚里的是任由主人填充的墨水

口袋也好。抽屜也好
○○七手提箱也好。告訴自己
都要好好的呆住
如果掉了，可能就要
被某一隻皮鞋踩壞
被某輛車輪輾碎

一九七八年六月十六日

迴紋針

煉爐的高熱已經退盡
成形的軋壓已經消去
此刻我們是不分彼此的兄弟
在印有標記的小紙盒里
我們同樣鍍著鋅
彎成同樣的型

彼此依偎
那麼祥和，你的手放在我的手上
我的腳緊靠著他的腳
我們都可以聽到一種聲音
鐵的強硬的聲音
自你的體內流過我的體內
自我的體內流過他的體內
嗡嗡的唱合

我們都將出發
我們都在出發
我們要投向每一處需要我們的地方
將一張張散落的紙

統一整齊的夾起
不屈不撓是我們的個性

滿圓的月色將永遠留在我們的身上
應當在一起的，不再分離
我們將信守我們的信念
直到老銹
而另一批新的我們必當接替

　　　　　　一九七八年六月十七日

大頭針

瘦瘦小小的也好
不惹人眼
細細長長的也好
不佔人位置
冷冷冰冰也好
臉不紅心不懊

大頭就大頭
只要不軋人手受人罵
大頭就大頭

在燈光的底下
我看我的影子
我有我的生命
我會有我的歌

一九七八年十二月十五日

黑 板

毫無遮蔽的攤開
盡量的攤開
攤開成好看、平坦的形態
有那麼多眼睛來看我
那麼專心、那麼專注

我只想
只想能了解我
只要那麼一點點

日日有那麼多眼睛
來看我
時時我都忍耐的
攤開著

可是那些眼睛看的只是
在我身上
擦擦寫寫的塗塗畫畫
沒有人，也沒有人真正的
來看我　　　　　　　一九七八年十二月六日

釘書機

固執的伏著一種姿態
雖無廟口石獅的份量鎮坐一隅
任人拿來拿去
我仍固執於這種姿態

把頭高高直直的抬起
不管面前是牆是風景
永不低頭
縱使有人用力把我的頭壓下
我仍要抬起
抬起到原來那個位置那個方向

所有的語言都凝成一句
喀嗒
所有的忍耐都凝成一聲
喀嗒
沒有第二種聲音
沒有第二句話

沒有咳嗽

沒有喘息
山在我的內里隆起壯大
河在我的內里匯集洶湧
一切壯麗
都在靜默中進行

　　　　　一九七九年六月十五日

鉛筆盒

愛有千萬種
我只有一種

那是當鉛筆灰頭灰腦
在外面奔波回來之後
我打開了我的身體
整個的包容他

那是當橡皮擦滿身創傷
在外頭碰到很多錯字
我打開了我的身體
整個的包容他

還有一些被作為工具的
在被使用之後
我打開了我的身體
整個的包容他

愛，我只有一種
雖然愛有千萬種　　　　　一九七九年十二月十九日

直 尺

直挺挺的
仍然保持當初的透明
肝膽五臟也皆還透明
只是膚色老褪
有些粗糙
有些傷痕

不用問頭在那頭
上頭是頭，下頭也是頭
頭頭不是頭
沒頭好低頭

不用問腰在那節
節節都是腰
節節不是腰
沒腰好折腰

仰頭向天，不問天
更非想把一頭白髮摔落
月在樹梢頭　　　　　　一九七九年六月廿六日

硯　台

磨吧。磨吧。中國
磨出億萬的汁
磨出萬里的香

在硯中之國
一沾筆就揮出江山萬里
再展卷就是萬馬飛騰

磨吧。磨吧。五千歲月
磨掉多少英雄豪傑
磨枯多少名士哲人

邊界永遠曲曲折折
補了又缺，缺了又補
挾多少白骨中的風勁
挾多少眼穴中的鄉望
描描塗塗，塗塗描描
一遍又一遍

磨吧。磨吧

磨不透的背脊
磨不盡的汁
用祂來寫，用祂來畫
一頁又一頁

一九七九年十一月

白紙一張

如有一張白紙在雲層里翻轉
雲層平靜的
雲層上的空間平靜的
一直不知平靜到什麼地方

如有一大堆雲，攤鋪在紙面上
波浪的，沒有推平
一路是雲
不知綿延到什麼地方

如有一個人在這頭站著
不知是站著好？還是坐著好
在攤開的紙面上
的這頭，點了一點

如有一個人在那頭站著
不知是被弄髒的，還是被點上的
攤開的紙面上
的那頭，點了一點
之後，被擦掉

結果，白紙一張
什麼都沒有

　　　　　一九八〇年三月廿四日

削筆機與鉛筆

為了證明乙項事實
一次一次的往我這裡送
皺著眉，忍著痛
一片一片的削下你的肌膚
好讓你死硬的心坦露

細看你固執的肌肉
竟有著強韌的木質纖維
削下的傷口，滲不出血來
且隱藏起顏色和形象
　　我睹而不能讀

剩下半截
但我猶能記起最初的全貌
嶄新的衣彩，稜角分明
你是樣品
被擺在廚窗裡

不是你自己
而是有隻巨大的手

老是緊緊的把你握著
貪婪的要看你的心
然後又把它一點一點的磨掉

我默坐在桌角
猛吸著空氣
發愣的等著你再次被送來
一片片的削

　　　　　　　一九九二年六月

放大鏡

在那十幾版的報紙裡
搜尋好長一段時間之後
「正義」這二個字終於自放大鏡片中
張手迎面而來
始發現我已滿身大汗

電腦打的構形猶見仿宋
但就是肥了些
線條自始至尾一般墨色
沒有了筋骨
亦少了氣勢
都已陌生

不禁懷疑
搜尋是一種錯誤
用了放大鏡是一種錯誤
想看看「正義」如今是怎麼個寫法
更是一種錯誤

一九九二年九月六日

圓　規

不能再張開
再張開就不能繪圓
我的能力已有定幅
故要請你放手

所有的一切
在來時已被設定
不能逾矩
只能在一定尺幅裡
思想活動
活動思想

除非還原到最初
重新鑄造
而且不再經過那工廠
不再是那設計與製造

一九九三年元月三日

精品鋼筆

妻在發了一頓牢騷之後
給我下了一個結論：

滿肚子墨水有何用
看那人家一支鋼筆
穿金戴銀
而且是人工精雕細琢
在餐廳、在酒廊
一簽就數千、好幾萬
你呢　牛肉麵還得
付現

人與物屬性不同　不能比
這是原則問題
妻不識新馬克思主義

一九九四年元月八日

第二輯 台北・台北

台北車站

一個身軀一個身軀的
踏上電扶梯競相往地下滑
另一邊又是
一個頭顱一個頭顱的
從地下往上冒

台北車站有一塊不安的地板
政府用了一個大的方盒子
把它蓋上
不讓外邊的人看到

二〇〇四年一月十二日

十字路上的觀察

車子、人
都走得很匆忙
有的往左有的往右
有的往前有的往後

往左，是社會主義
往右，是資本主義
往前，是激進的去找人
往後，是急趕著去造神

我在第十一層樓的窗口探頭往下看
浮載著各色各樣的漂流物的
二條交叉成十湍急的河
不知是流左還是流右
　　　　流前還是流後

二〇〇四年一月十日

台北以及台北

在這裡，人與櫥窗或燈飾
以及各式各色的物件
都著了色
各種顏色

都在塑造形象
長的短的方的圓的
規矩的不規矩的
唯眼神是一個樣
個個是很深的空洞

就這樣，人與櫥窗或燈飾
以及各式各色的物件
的無數空洞的眼睛給攪合成一團
一團無法凝固的慌動的城市

二〇〇四年一月十日

台北的夜空

台北的夜空
沒有星星，亦沒有月亮
全被路燈、廣告燈、裝飾燈所遮蔽
人們遊走在夜裡，又像白晝裡
不很清楚

唯一清楚的是大家都不願意看清
彼此的臉，像落葉無聲息的
從彼此的左肩或右肩
飄過

路一直出現
不同的臉亦一直出現
就是沒有一張臉朝上
看看台北的夜空
到底是給擠破了
還是真的沒有了夜空

二〇〇四年一月五日

台北，台北

仕女們的洋傘都還沒有收
商家的招牌便急忙忙五光十色的燦爛了起來
待至夜色到來
色彩開始四處潑灑
把行人的臉塗抹得左一邊紅右一邊綠
也不知是什麼理由
他們竟也不在乎起來

百貨公司的大門開得大大的
燈光大亮
一大堆人擠進擠出
如是一條給壓斷了的地下水管在大湧其水

各種各樣的汽車、機車仍然來去匆匆
四處穿梭，亦不知道在找什麼
夜來了
在車前都舉了一把把光棒

我目直口呆的落在路邊
待回神過來，我可不是在

找著路牌

二〇〇〇年十月三十日

天空的臉

無關乎灰頭土臉
資本主義或者剝削
無關乎晴天陰天
已開發或者未開發
心情都一樣重

無關乎人們看得見看不見
太陽一起床
我便要跟著露臉

不管氣象台每天如何努力描述我的臉
事實上只有一個樣
千瘡百孔的亮著在黑夜

一九九八年三月十日

松江路

松江路是路
還是江？

然而，松江路上穿流著是車
不是船

兩邊的路燈卻不曾闔眼的
俯身察視了幾十年
仍不得其解

一九九六年六月

台北的空間

台北的空間
擠滿灰塵
忙慌中
有的飛揚
有的跌落

？哪一顆灰塵是人的臉給縮小了的
？哪一張人的臉是灰塵給放大了的

一九九五年七月十三日

走廊意象

我坐在二樓咖啡店靠窗的座位
看著對街長長的走廊
不斷的有人從轉角處或巷弄冒出
又有人走回轉角處或巷弄消失

我的眼睛把人變成了螞蟻
兩路縱隊相向的疾走
好久的兩路隊伍
沒完沒了

我一直盯著看了二、三個小時
腦袋裡亦空白了二、三個小時
終於累了
於是我埋了單，起身
結束了這番景象

　　　　　　　　　一九九二年九月五日

第三輯　對　　鏡

詩寫林秋吟石雕作品「心茫然」

這世界黑白是非變幻之快
無法閱讀
我累得張不開眼睛
亦沒有了眼睛
層層堆砌的嘴唇
打不開來
所有的話語都消散了
沒辦法凝固成形

爲了想測量空氣中人的溫度
我把心懸掛在胸前
並且盡量調整將它擴大
但茫然毫無訊息

最後我只得固執的把自己雕塑成
猶然張望姿勢的頭
猶然掛著誇大的心
的一石柱

二〇〇五年一月二十六日

地震後

被撕散了的左腳告訴
還淌著血的右腳告訴
斷了掌的左手告訴
壓在傾倒的磚牆下的右手
說：
我們的頭，瞪著雙眼
不知還在想著什麼

　　　　　一九九九年九月二十四日

驚閱九二一地震

不知誰下了個指令
全鎮的房子便一齊大力的頓起腳來
僅僅幾下子
房子便已垮了
地亦裂了

在一堆堆的瓦礫下
哀嚎的呼救聲緊緊抓住驚悸的衣角
飛奔著找尋張開的口
慌亂了的斷手殘腳
拼力的想扒開空隙
找回他們的身軀

一九九九年九月二十五日

無言可題

路在前面走著
我在後面跟著
一整天
一整月
一整年

路愈走愈遠
入了山林又出了山林
進了隧道又出了隧道
傍山接著傍海
傍海接著傍山

我疲憊的身影在後面跟著
由春
而夏
而秋
而冬
而成為一條長長的柏油混凝土
僵硬的癱趴在土表上

二○○三年四月

獨處寂靜

寂靜微微踮起腳跟
在我的背後
撫摸著我的頭髮
然後我的臉頰
那是愛憐或者撫慰
我那長時靜坐在空白中的身軀

無視於屋外的嘈雜
她專心而靜默的護衛著
圍繞著我一室空白
一如穿著白色圍裙的女僕
小心翼翼的不讓一小粒灰塵飛進

而她不知道
我正在肉體裡不安地
翻找著每一個角落
一本本時間的地圖
一本本世界的畫冊
又重新編繪
一本本時間的地圖

一本本世界的畫冊
還有很多的想法正在進行
包括我將如何翻轉我的身軀
成為什麼姿勢

　　　　　　一九九八年三月十五日

時間正在枯萎

時間正在枯萎
龐大的身軀無力的
斜靠在我的肩上

枯萎的時間
先是逐漸失去水份
再而是皮鬆肉癟
皺紋一條一條的浮起
一如樹根伸出的千爪
緊緊的抓住我的身軀
像是恐懼著自我的身上消失
或是我自她的手中消失

她微弱的呼吸
自我禁錮在
我的心房裡
一呼一吸鼓動著我的脈動
有一種聲音和著我的血液
穿梭在我的全身
讓我感覺到微溫

又微冷

一九九八年三月十八日

想我母親

豪大雨特報才發布
我客廳牆上掛著的黃山群峰
就已大雨傾盆

一下子水霧便已浸滿全室
我問坐在朦朧中對面的母親
仙鶴可仍在身邊否？
答說：躲雨去了

　　　　一九九六年十一月十五日

對　鏡

我終於明白了
你活在鏡片裡
我活在空氣中

因此

你老了
滿臉皺紋
我沒老
油頭滑面

一九九六年十月二十日

排　隊

出生的到產房排隊
死亡的到殯儀館排隊

入學的到這兒排隊
就業的到那兒排隊
領錢的到這兒排隊
繳稅的到那兒排隊

乘車上車排隊
上班打卡排隊
吃飯買票排隊
生病掛號排隊

我急切的怕排錯隊誤了時間的問：
那一長龍的隊
排的又是要作什麼？

一九九二年九月八日

我們都戴眼鏡

我們都戴眼鏡
而且愈戴愈深
因為這世界實在模糊
明明是是　竟會變成非
明明是非　竟會變成是

世事實在難讀
雖然字面未變
字義卻變得令人糊塗
有錢的人　把非說成是
有勢的人　把是說成非

我們都戴眼鏡
而且愈戴愈深
只想確確實實的了解
什麼是是　什麼又是非
可是愈看　愈看不清楚

一九九二年九月五日

我不懂

我不懂
為什麼好好排著隊
公車來了媽卻要拉著我
衝到前面往車門擠
媽說等你長大了就會懂

我不懂
為什麼老師除了教書
還要賣牛乳賣參考書
還要我們繳錢放學後到他家裡再上課
爸說你長大後就會懂

我不懂
為什麼明明是黑的
新兵訓練中心教育班長要把它說是白的
而且不能申辯
說這就是訓練

我不懂
我的首長在國外既置產又存款

在國內卻說沒有能力購屋
清廉得只能租屋由公費付款
老同事說慢慢我就會懂

這麼多不懂
擠滿胸腔很是悶脹
公保門診醫生說沒有什麼
吃點藥休息就會好
而我卻在當天下班排隊打卡時暈倒
接著死去
而後還看到同事們忙亂的把我抬上救護車
看著看著
我仍然一樣亦不懂

　　　　　　　　一九七三年一月三十日

戰士墓園

一片戰士碑林
驟雨才下
喊殺之聲便堀地而起
好像屍骨就要衝上來

第四輯　兒童詩

三個頻果

這一個最香的
是我的臉
媽媽老喜歡捧來聞一聞

那一個是媽媽的臉
一定也很香
常看到爸爸捧著聞了聞
捨不得放下

這一個有片黑斑在下巴
媽媽說很像爸爸的臉
在風雨蟲害中長大
我想：
可能太老了點
不過
我還是點了點頭

一九八三年六月

作品入選選集索引

1. 本省籍作家作品選集第十輯新詩集　　　　　鐘肇政主編
   文壇社　　　　　　　　　　　　　1965 年 10 月出版
   選入作品：狩獵、苦悶的象徵、與手那日

2. 現代詩人書簡集　　　　　　　　　　　　　張默主編
   大業書店　　　　　　　　　　　1969 年 12 月初版
   選入作品：在靜止中年輕（致泰一、連技、慶隆）
   　　　　　我寧願揚棄自己（致羅明河）
   　　　　　孤絕冷冽的形象（致親卿）
   　　　　　初唔高橋喜久晴（致親卿）

3. 心靈札記　　　　　　　　　　　　　　　　張默主編
   藍燈出版社
   選入作品：（未存待查）

4. 中國新詩選
   曾文書局
   選入作品：（未存待查）

5. 中國現代文學大系（第二輯詩冊）　　　余光中等編輯
　　巨人出版社　　　　　　　　　　　　1972 年元月初版
　　選入作品：越戰印象（爆炸事件、前線、宵禁、劫後）、
　　　　　　　　山路、穿鞋的姑娘、所有的眼皆已闔上、雪
　　　　　　　　期、與親卿書、落葉、醉問、燈芯、空氣

6. 六十年詩歌選（慶祝中華民國六十年紀念）王志健等選
　　正中書局　　　　　　　　　　　　　1973 年 4 月初版
　　選入作品：神秘的力量、我家的燈、孤雁、都市生活、
　　　　　　　　流浪、路、空氣、基督的臉

7. 八十年代詩選　　　　　　　　　　　　紀弦等編選
　　濂美出版社　　　　　　　　　　　　1976 年 6 月初版
　　選入作品：夜談四則、異相、阿布斯（1）、老布農、
　　　　　　　　America、無數隻的腿、山路、一句腳步聲、
　　　　　　　　雪期、祭禮、阿布斯（2）、給在異國的自己

8. 七十年代詩選　　　　　　　　　　張默、洛夫、瘂弦主編
　　大業書局　　　　　　　　　　　　　1976 年 9 月初版
　　選入作品：狩獵、秋的樹、天候、音符、破鞋、配在鬼
　　　　　　　　屋的窗、破船

9. 華麗島詩集－中華民國現代詩選　　　笠編委會編集
　　日文版　若樹書房　1977 年（昭和 45 年）11 月 1 日版
　　中文版　笠詩社　　　　　　　　　　1979 年 6 月初版

選入作品：泰耶魯組曲（莎茵娜、狩獵）

10. 小詩三百首　　　　　　　　　　　　　　羅青主編
　　爾雅出版社　　　　　　　　　1979 年 5 月 20 日初版
　　選入作品：燈芯、劫後

11. 現代詩導讀（導讀篇二）　　　　　張漢良、蕭蕭著
　　故鄉出版社　　　　　　　　　1979 年 11 月 1 日出版
　　選入作品：雨中行

12. 當代中國新文學大系（詩集卷）　　　　　瘂弦主編
　　天視出版公司　　　　　　　　　1980 年 4 月初版
　　選入作品：他佇立在街道的一邊、米達尺、籠鳥（之一）、
　　　　　　　河水依舊那般的流著

13. 中華民國新詩學會會員詩選　　　　　何錡章主編
　　廣東出版社　　　　　　　　　　1981 年 12 月初版
　　選入作品：燈芯、我家的燈

14. 一日一小詩　　　　　　　　　　　　　　沙靈主編
　　金文圖書公司　　　　　　　　　1982 年 3 月初版
　　選入作品：流浪、燈芯、劫後、孤雁、異相

15. 葡萄園詩選　　　　　　　　　　　　文曉村主編
　　自強出版社　　　　　　　　　　1982 年 8 月初版

選入作品：夏之午、吾住高山頭、坐盡高山森林裏的夜、
　　　　　異相

16. 歲月冷風多少事－現代百家詩選　　　　　張默編
　　爾雅出版社　　　　　　　　1982 年 9 月 1 日初版
　　選入作品：與親卿書、我家的燈、雨中行

17. 1982 年台灣詩選　　　　　　　　　　李魁賢主編
　　前衛出版社　　　　　　　1983 年 2 月 10 日初版
　　選入作品：連載戰事

18. 七十一年詩選　　　　　　　　　　　張默主編
　　爾雅出版社　　　　　　　　1983 年 3 月 1 日初版
　　選入作品：連載戰事

19. 當代台灣詩人選 1983 年卷　　　　　　郭成義主編
　　金文圖書公司　　　　　　　1984 年 5 月初版
　　選入作品：四十種花樹、釋放

20. 龍族詩選　　　　　　　　　　　龍族詩社主編
　　林白出版社　　　　　　　1984 年 6 月 5 日初版
　　選入作品：夕暮散步有懷、苦悶的象徵、山屋、死亡的
　　　　　　　挽留、走在毛毛雨的我們、定靜的凝視、神
　　　　　　　秘的力量、時間的畫像、靜默的核、祭事、
　　　　　　　與親卿書、我想回家、等待語言、您的形象

21. 創世紀詩選 1954－1984　　　　　　　　瘂弦等主編
　　爾雅出版社　　　　　　　　　1984 年 9 月 20 日初版
　　選入作品：老鴉、枯樹

22. 小詩選讀　　　　　　　　　　　　　張默編著
　　爾雅出版社　　　　　　　　　1987 年 5 月 10 日初版
　　選入作品：我家的燈

23. 千鳥之曲 —— 台灣現代詩選　　　　　張錯編
　　英文本　　　美國哥倫比亞大學出版　　1987 年初版
　　中文本　　　爾雅出版社　　　　　　1987 年 7 月 20 日
　　選入作品：落葉、算錢、基督的臉

24. 秋水詩選　　　　　　　　　　　　　涂靜怡主編
　　秋水詩刊社　　　　　　　　　　1989 年 7 月
　　選入作品：文具群、大頭針、迴紋針、給在異國的自己

25. 浩浩秋水 （秋水 25 週年詩選）　　　涂靜怡主編
　　漢藝色研文化事業公司　　　　　1990 年 7 月出版
　　選入作品：時間正在枯萎、獨處寂靜

26. 台灣現代詩選　　　　　　　　　　　非馬編選
　　（香港）藝風出版社　　　　　　1991 年 3 月出版
　　選入作品：釋放、籠鳥（之一）

27. 混聲合唱 　　　　　　　　　　趙天儀等編選
　　春暉出版社 　　　　　　　　　1992 年 9 月初版
　　選入作品：狩獵、越戰印象 —— 爆炸事件、越戰印象
　　　　　　　　—— 前線、越戰印象 —— 宵禁、阿布斯、負
　　　　　　　　荷的額、祭禮、與親卿書、醉問、空氣、我
　　　　　　　　家的燈、孤雁、無言、入松林、他佇立在街
　　　　　　　　道的一邊、家鄉的泥土、鉛筆盒、三者之間

28. 半流質的太陽
　　　—— 幼獅文藝四十年大系（新詩卷）張漢良、蕭蕭主編
　　幼獅文化公司 　　　　　　　　1994 年 3 月初版
　　選入作品：定靜的凝視

29. 1995 亞洲詩人作品集 　　　　　　　笠詩刊主編
　　笠詩刊出版 　　　　　　　　　1995 年 8 月初版
　　選入作品：連載戰事

30. 新詩三百首 1917—1995 　　　　　張默、蕭蕭編選
　　九歌出版社 　　　　　　　　　1995 年 9 月 20 日初版
　　選入作品：基督的臉

31. 台北詩冊（公車詩首刊邀選） 　　　吳秋美總編輯
　　台北市政府新聞處 　　　　　　1995 年 12 月 31 日出版
　　選入作品：燈蕊

32. 中華新詩選　　　　　　　　中華民國新詩學會編選
　　文史哲出版社　　　　　　　1996 年 3 月出版
　　選入作品：今天和明天、影子、六八年五月九日日記、
　　　　　　　何年何月何日

33. 可愛的小詩　　　　　　　　　向明、白靈主編
　　爾雅出版社　　　　　　　1997 年 2 月 12 日初版
　　選入作品：燈芯

34. 閱讀台灣散文詩　　　　　　　　莫　渝編著
　　苗栗縣之文化中心　　　　1997 年 2 月 15 日初版
　　選入作品：狩獵

35. 中國新詩選粹　　　　　　　　中華民國新詩學會編選
　　文史哲出版社　　　　　　　1998 年 6 月出版
　　選入作品：戰士墓園、我們都戴眼鏡、對鏡、台北的空
　　　　　　　間

36. 笠下的一群──笠詩人作品選讀　　莫　渝編著
　　河童出版社　　　　　　　1999 年 6 月初版
　　選入作品：燈芯

37. 天下詩選　　　　　　　　瘂弦、張默、蕭蕭編選
　　天下遠見出版公司　　　1999 年 9 月 30 日初版
　　選入作品：台北的空間

38. 亞洲詩人選集（第二集）
　　選入作品：（待查）

39. 台灣詩人一百（VCD）《影音計畫 —— 第一階段》
　　黃明川導讀
　　2000 年 7 月拍攝
　　黃明川電影視訊有限公司企劃、製作、發行
　　財團法人國家文化藝術基金會贊助
　　作品：與鄉親書、基督的臉、疲倦了的人們、醉問、燈
　　　　　蕊、人的形象、空氣、我家的燈、釋放、四十種
　　　　　花樹、連載戰事、籠鳥、難道說我不離去、越戰
　　　　　印象 —— 爆炸事件、越戰印象 —— 前線

40. 喬林短詩選－中外現代詩名家集萃　　　　張默主編
　　（香港）銀河出版社　　　　　　　2001 年 8 月初版

41. 2003 年詩人節公共電視台特製節目〈影像詩〉
　　公共電視製作播出　　　　　　　　　朱賢哲導演
　　選入作品：台北的天空

42. 泱泱秋水（秋水 30 週年詩選）　　　　涂靜怡主編
　　漢藝色研文化公司　　　　　　　2003 年 11 月出版
　　選入作品：紀念古丁、無言可題

43. 小詩森林　　　　　　　　　　　　陳幸惠主編
　　幼獅出版社　　　　　　　　　　2004 年 3 月出版
　　選入作品：台北的天空

44. 水都意象 —— 高雄　　　　　　　　雨弦主編
　　高雄廣播電台　　　　　　　　　2004 年 12 月出版
　　選入作品：近晚　我到西子灣讀海

45. 國民文選（現代詩卷）　　　　　　林瑞明主編
　　玉山社出版公司　　　　　　　　2005 年 2 月出版
　　選入作品：老布農、醉問、塵埃、基督的臉

46. 穿越世紀的聲音 —— 笠詩選　　　　鄭烱明主編
　　春暉出版社　　　　　　　　　　2005 年 8 月初版
　　選入作品：疲倦了的人們、名字、等待語言、葉、我熟
　　　　　　　悉而陌生的臉時間正在枯萎、獨處寂靜、我
　　　　　　　們都戴眼鏡、對饒

47. 台灣詩人選集 —— 喬林詩選集
　　國家台灣文學館　　　　　　　　出版作業中
　　選入作品：（作品由指定人選編、導讀）

48. 青少年台灣文庫 —— 文學讀本　　編委會主編
　　國立編譯館　　　　　　　　　　2006 年 3 月出版
　　選入作品：狩獵、入松林、家鄉的泥土

49. 台灣文學英譯叢刊（第十八期台灣文學與山林）

　　　　　　（美國）加洲大學世華文學研究中心出版

《台灣文學英譯叢刊》主編　　　　　　2006 年出版

選入作品：狩獵、莎因娜